Optimización de rutas de reparto a domicilio. COML0009

Roberto Pérez Huguet

Optimización de rutas de reparto a domicilio. COML0009
© Roberto Pérez Huguet

1ª Edición

© IC Editorial, 2026

Editado por: IC Editorial
c/ Cueva de Viera, 2, Local 3
Centro Negocios CADI
29200 Antequera (Málaga)
Teléfono: 952 70 60 04
Fax: 952 84 55 03
Correo electrónico: iceditorial@iceditorial.com
Internet: www.iceditorial.com

ISBN: 979-13-7027-138-1
Depósito Legal: MA 166-2026

Impresión: PODiPrint
Impreso en Andalucía – España

Nota de la editorial: IC Editorial pertenece a Innovación y Cualificación S. L.

Especialidad formativa

Se entiende por especialidad formativa la agrupación de contenidos, competencias profesionales y especificaciones técnicas que responde a un conjunto de actividades de trabajo enmarcadas en una fase del proceso de producción y con funciones afines.

Las especialidades formativas de Uso General, Formación Complementaria, Formación Modular y las especialidades formativas dirigidas a la obtención de certificados de profesionalidad se incluyen en el Fichero de Especialidades del Servicio Público de Empleo Estatal para su gestión en todo el territorio nacional por cualquier Administración competente.

Las especialidades complementarias, pertenecen todas a la Familia profesional de Formación Complementaria (FCO) y tienen la consideración de formación transversal en áreas que se consideran prioritarias tanto en el marco de la Estrategia Europea para el Empleo y del Sistema Nacional de Empleo como en las directrices establecidas por la Unión Europea. Se consideran áreas prioritarias las relativas a tecnologías de la información y la comunicación, la prevención de riesgos laborales, la sensibilización en medio ambiente, la promoción de la igualdad, la orientación profesional y aquellas otras que se establezcan por la Administración competente.

Las especialidades de Certificado de profesionalidad tienen una duración especificada en su normativa reguladora.

En el resultado de la búsqueda, se muestran las unidades de competencia, todos los módulos formativos con su duración y las unidades formativas del certificado correspondiente, con su duración. Las horas del certificado, exclusivo de las especialidades de certificado de profesionalidad, con alta igual o superior a 2008, son las horas totales más las horas del módulo de Prácticas Profesionales no Laborales.

➲ **Si la especialidad tiene unidades formativas,** las horas totales, presencial, distancia, teleformación serán igual a la suma de esas horas de las unidades formativas de los distintos módulos, sin que se repita ninguna Unidad formativa.

- **Si la especialidad no tiene unidades formativas,** las horas totales, presencial, distancia, teleformación serán igual a las sumas de esas horas de los módulos formativos, eliminando las horas de los módulos repetidos.

https://sede.sepe.gob.es/especialidadesformativas/RXBuscadorEFRED/BusquedaEspecialidades.do

(Fuente: Servicio Público de Empleo Estatal)

Índice

OBJETIVOS GENERALES

Los objetivos generales del **COML0009. Optimización de rutas de reparto a domicilio,** son los siguientes:

- ⮕ Realizar un diseño y planificación de las rutas de reparto para asegurar un reparto a la clientela más rápido y eficiente en el uso de recursos.
- ⮕ Analizar la importancia de la planificación de las rutas al realizar las tareas de reparto como elemento diferenciador con respecto a las empresas de la competencia.
- ⮕ Identificar las distintas tecnologías disruptivas que intervienen en la planificación y gestión de las rutas de reparto.
- ⮕ Analizar los transportes multimodales e intermodales.

Realización del análisis del TPS o planificación optimizada de las rutas de reparto

Contenido

Objetivos

El objetivo general de esta Unidad de Aprendizaje es:

→ Analizar la importancia de la planificación de las rutas al realizar las tareas de reparto como elemento diferenciador con respecto a las empresas de la competencia.

Los objetivos específicos de esta Unidad de Aprendizaje son:

→ Conocer los criterios que deben tenerse en cuenta para llevar a cabo una planificación correcta de las rutas de reparto.

→ Analizar las ventajas y beneficios que se obtienen con la implantación de un sistema de planificación de rutas de reparto a nivel empresarial.

→ Definir los aspectos clave de la implantación de un sistema de planificación de rutas de reparto.

1. Introducción

Uno de los grandes retos a los que se enfrentan actualmente las empresas de transporte, es la consecución de un alto nivel de eficiencia que les permita destacar entre las empresas del sector, para lo cual, se deben analizar a fondo todos los procesos y procedimientos que se llevan a cabo en su día a día, así como la manera de gestionarlos.

Los clientes cada vez piden más que el sector logístico sea respetuoso con el medioambiente, lo que implica la renovación de flotas por otras más ecológicas, así como la implantación de rutas de reparto optimizadas, de forma que se trate de reducir la cantidad de vehículos ofreciendo los mismos servicios, para lo cual se incorporan vehículos específicos más adecuados al entorno y a las características de los clientes y de la carga que se debe entregar.

Antonio y Teresa acaban de incorporarse a una empresa que hace de intermediaria entre usuarios y proveedores. Su incorporación se debe a que esta empresa quiere optimizar los procesos que llevan a cabo, puesto que han aumentado los costes debidos a los vehículos, así como las quejas de los clientes a la hora de llevar a cabo la entrega de la paquetería.

Es por ello por lo que ambos van a tratar de analizar y estudiar si la implantación de un sistema optimizado de reparto puede ayudar a la empresa en la reducción de los costes y el aumento de la satisfacción de los clientes.

2. Selección de criterios para planificar rutas conforme al TPS *(Transport Planing System)*

 **HILO CONDUCTOR**

En el análisis inicial del estado de la empresa, el primer paso que tienen que dar Antonio y Teresa, después de estudiar el funcionamiento de la empresa, es seleccionar los criterios que se deben tener en cuenta para lograr una planificación de las rutas.

En este punto, tendrán una visión global acerca de los distintos elementos que intervienen tales como vehículos, paquetes, clientes entre otros.

Uno de los elementos fundamentales que se deben tener en cuenta dentro del sector de la distribución de mercancías es la **planificación de las rutas** para entregar las mercancías.

No debemos olvidar que la entrega de las mercancías a sus destinatarios es la parte de la cadena logística que tiene un mayor impacto en los gastos que las empresas de transportes deben repercutir, tanto en el ámbito de personal como en los medios que se utilizan para llevar a cabo la prestación de los servicios. Este gasto se refleja en el precio final, que repercute a los clientes y proveedores, por lo que un impacto grande encarecerá y dificultará la penetración del producto en el mercado, mientras que, si se consigue optimizar este gasto, el producto aumentará considerablemente sus probabilidades de éxito en la venta del mismo.

La planificación de rutas es una práctica en aumento en las empresas logísticas.

La planificación de las rutas se convierte en un aspecto crítico, sobre todo para aquellos sectores que trabajan con objetivos de ventas. No hay que perder de vista que una mala gestión en la venta puede provocar el incumplimiento de los plazos acordados con la consiguiente penalización o, incluso, con la pérdida del cliente.

Cuando hablamos de planificación de rutas, podemos referirnos erróneamente al traslado de la mercancía entre dos puntos, origen y destino, pero no hay que perder de vista que la planificación comienza desde la ubicación del producto dentro del lugar en el que se almacena, puesto que la ubicación de los materiales también influye en las rutas de transporte.

Si conseguimos optimizar las rutas de transporte, cargando en los vehículos la paquetería en orden inverso al que van a ser entregados, conseguiremos reducir los tiempos, optimizar los costes y reducir las emisiones de CO_2.

IMPORTANTE

La planificación de rutas debe ser lo más eficiente posible, para lo cual debe basarse en la organización y programación de las rutas de reparto.

En la planificación del transporte se pueden establecer las siguientes **etapas:**

- **Generación de viajes.** De acuerdo con el origen, el destino y el motivo del viaje se realiza la planificación de la frecuencia de los mismos.
- **Análisis del viaje.** Hay que analizar los viajes para entender cómo se está llevando a cabo la distribución y evaluarla, lo que facilitará una posterior optimización del tráfico y la movilidad de las personas y los vehículos, incluyendo los gastos en los que se incurre y sobre los que se pueden llevar a cabo operaciones de control del gasto.
- **Tipo de movilidad.** Se debe determinar el tipo de transporte más adecuado a cada ruta, teniendo en cuenta las carreteras y la ubicación geográfica del cliente final, que son los que marcarán, en gran medida, el tipo de vehículo necesario.
- **Selección de la ruta.** Una vez analizada la movilidad y el viaje que se debe llevar a cabo, hay que seleccionar la ruta que se va a seguir, de manera que se reduzca el tiempo de viaje y el impacto de este, sobre los elementos que intervienen en la ruta de reparto.

Una vez establecidas las diferentes etapas que se deben tener en cuenta en la planificación de las rutas, hay que analizar aquellos **elementos que intervienen en dicha planificación**, tanto humanos como materiales. Entre dichos elementos podemos destacar:

- **Personal.** Un factor importante en la planificación de rutas de reparto es el personal disponible para llevarlo a cabo. No se debe olvidar que este personal tiene unas condiciones de trabajo que se deben respetar o unas limitaciones que les impide, por ejemplo, conducir ciertos tipos de vehículos.
- **Flota.** Igual que sucede con el personal, la flota de vehículos debe asegurar que esta es la adecuada, y si es suficiente para la prestación del servicio. Dentro de la flota se debe evaluar el volumen y peso máximo que pueden mover, ya que cambian de manera constante, así como las dimensiones (internas y externas) de los vehículos que puede limitar el acceso en algunas zonas de entrega.

◒ **Clientes.** Cada cliente presenta unas características específicas, por lo que se convierte en un aspecto importante a tener en cuenta. La ubicación de los puntos de entrega y las distancias o tiempos necesarios para llevar a cabo los recorridos entre los distintos puntos son los que provocan retrasos a la hora de realizar la entrega de la paquetería, en gran medida porque no se han considerado las características específicas de cada cliente.

◒ **Restricciones.** Las restricciones presentes en alguna zona de las ciudades, o los horarios de entrega definidos por el cliente, deben tenerse en cuenta si no se desea regresar con la mercancía al punto de origen por no entregarse dentro de los horarios indicados.

2.1. Evaluación de la planificación del transporte

Dos elementos que deben evaluarse continuamente para optimizar y mejorar la planificación del transporte son:

> **Empresa**
> - Las empresas están preocupadas con la optimización del trabajo y el cuidado del medioambiente, pero esta optimización puede ser un arma de doble filo, ya que deben enfrentarse a los cambios sin reducir la calidad del servicio, además de no aumentar los costes del mismo.
> - Uno de los elementos que se analizan para la optimización de las tareas por parte de una empresa es el modelo de flota (propia o alquilada), así como el tipo y la capacidad de los vehículos.

> **Producto**
> - Las características específicas de los productos van a determinar, en la gran mayoría de los casos, el tipo de vehículo a utilizar y la ruta que se debe seguir para entregárselo al destinatario.

 **EJEMPLO**

No es lo mismo entregar un pescado en un restaurante del centro de la ciudad que un palé de ladrillos para una construcción en un pueblo del centro de la sierra de Granada.

Dentro de la planificación de rutas, hay que incorporar el tiempo destinado a completar cada una, ya que, dependiendo del vehículo, el entorno y el medio en el que se deban producir las entregas, habrá que aumentar o reducir los tiempos entre cada una de las paradas programadas.

 **RECUERDA**

Una ruta consta de un grupo de paquetes y el objetivo de la planificación es garantizar su entrega optimizando la capacidad de cada vehículo.

Vistos algunos de los elementos que influyen en la planificación de rutas, podemos definir este proceso como aquel en el que se establecen las rutas de distribución trazando sobre un mapa los puntos de entrega, los caminos para llegar hasta ellos y teniendo en cuenta los vehículos más adecuados para cada zona de entrega. Por lo tanto, se trata de entregar la mayor cantidad de paquetes en el menor tiempo posible, de forma que se reduzcan los costes para la empresa.

2.2. Aspectos importantes en la optimización de rutas

Aunque existen distintos programas y aplicaciones que pueden ayudar a la optimización de las rutas, estos trabajan teniendo en cuenta los siguientes **aspectos:**

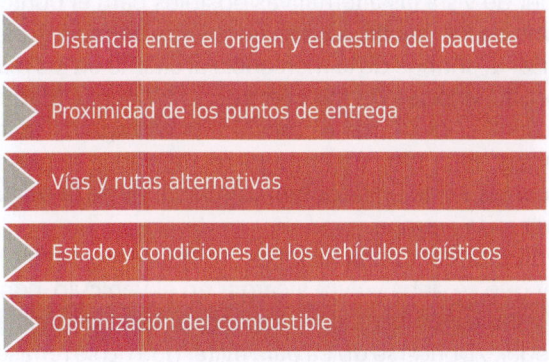

Distancia entre el origen y el destino del paquete

Proximidad de los puntos de entrega

Vías y rutas alternativas

Estado y condiciones de los vehículos logísticos

Optimización del combustible

Continúa en página siguiente >>

<< Viene de página anterior

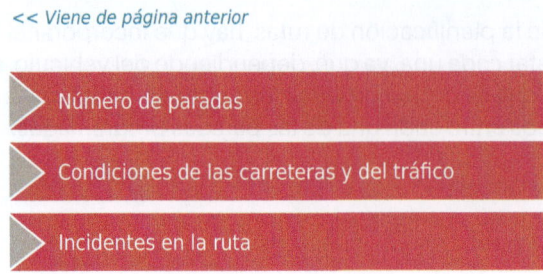

Número de paradas

Condiciones de las carreteras y del tráfico

Incidentes en la ruta

Tanto si se lleva a cabo una planificación manual como automatizada, se deben tener en cuenta los siguientes **aspectos:**

- **Trabajadores.** Se debe agrupar a las personas trabajadoras por características similares como el tipo de permiso de conducción, horarios de trabajo, períodos de vacaciones, etc.
- **Flota de vehículos.** Analizar la flota de vehículos permitirá optimizar las rutas de reparto. Conocer la disponibilidad de los mismos, revisiones, etc. permitirá adecuar las condiciones de reparto, además de valorar la necesidad de utilizar vehículos externos a la empresa.
- **Cargas máximas.** Los vehículos tienen una capacidad y un peso máximo que pueden transportar y que no deben sobrepasar si no queremos exponernos a una sanción administrativa. Se debe analizar el tipo de carga para conocer si se debe utilizar un tipo específico de vehículo, como puede ser el caso de los hidrocarburos, gases o baterías.
- **Dimensiones de los vehículos.** No hay que olvidar que el tamaño de los vehículos en algunas ubicaciones es limitante, bien por existir restricciones a su tránsito o por estar limitadas las dimensiones por el entorno por el que transcurren. Un camión no puede circular en una población de estilo medieval debido a la anchura de sus calles, por ejemplo.
- **Origen y destino.** Se deben ubicar los puntos de origen y destino, sin perder de vista las alternativas posibles para el punto de destino, por si alguno de los planificados se encuentra cerrado. Todo para tratar de garantizar la entrega de la mercancía al cliente en los plazos indicados.
- **Especificaciones de los clientes.** Las peculiaridades de cada uno de los clientes, en lo que se refiere a la entrega de la mercancía, horario, cambios de puntos de entrega, restricciones dependiendo del tipo de mercancía, también se deben valorar antes de lanzar la ruta que se debe seguir en la entrega.
- **Devoluciones.** Valorar la opción de que la mercancía no se pueda entregar y que se deba volver a cargar en el vehículo, con las implicaciones que esta acción tiene con respecto al resto de mercancía que se debe entregar. ¿Dónde se ubica para evitar que no se retrase o moleste al resto de entregas?

- **Características de los productos.** Conocer las características relevantes de la mercancía que se transporta ayudará a seleccionar adecuadamente el tipo de vehículo que se va a utilizar, así como las condiciones que se deben respetar en su transporte.
- **Entorno.** Antes de establecer la ruta, se debe comprobar la existencia o no de cambios en el entorno de la misma, como, por ejemplo, si hay alguna carretera cortada, si se prevén lluvias que dificulten el acceso, etc.
- **Programación.** Optimizar el espacio de carga, de forma que las mercancías que primero tengan que entregarse sean las últimas en depositarse y que, en el caso de que deba devolverse alguna, esta no moleste en la entrega del resto.
- **Tiempo de descarga.** En la planificación de las rutas debemos tener en cuenta que, además del tiempo de conducción y de traslado entre los puntos de origen y destino, también hay que incorporar el tiempo de descarga de cada uno de los paquetes que se deben entregar en las instalaciones de los clientes.
- **Velocidad.** Las velocidades máximas de las vías por las que transitan los vehículos de reparto influyen directamente en el tiempo dedicado al tránsito. Hay que tener en cuenta la posibilidad de que estas limitaciones sean mayores por accidentes, obras o afecciones temporales al tránsito regular de la vía.

2.3. Automatización de rutas

La optimización manual de las rutas obliga a invertir un tiempo y un esfuerzo que, en flotas pequeñas o en empresas con un bajo volumen de pedidos, pueda ser factible, pero, en el caso de empresas con un movimiento importante de paquetes o con un tamaño considerable, quizás sea conveniente automatizar esta tarea. La incorporación de un programa que automatice la gestión de las rutas nos ofrecerá, entre otras, las siguientes **ventajas:**

1. Realizar un seguimiento, en tiempo real, de cada uno de los vehículos que integran la flota de reparto.
2. Situar los puntos considerados conflictivos o de interés para tener en cuenta en la planificación de las rutas.
3. Configuración de alertas que avisen de la existencia de una situación determinada y que influya negativamente en la ruta de reparto.
4. Identificar y gestionar los consumos de combustible de cada vehículo para conocer si se optimiza la conducción del vehículo.
5. Visualización de los recorridos y el tiempo invertido en el mismo de cada uno de los vehículos que componen la flota.

6. Obtención de informes de los vehículos, los conductores y de la forma de conducir para, posteriormente, optimizar los procesos.
7. Información del uso inadecuado, como, por ejemplo, uso particular, o sanciones a los vehículos y sus conductores.
8. Mejora del control de los conductores, ubicación de los mismos, descansos, combustible consumido, etc.
9. Segmentación de la flota de vehículos y conductores, de acuerdo con una serie de elementos comunes.
10. Gestión del mantenimiento de cada vehículo, ITV, revisiones, etc.
11. Incorporación de sensores específicos que aporten información concreta sobre la carga, como, por ejemplo, la temperatura para el transporte de vino o productos refrigerados o congelados.
12. Bloqueo de vehículos de forma remota, de manera que sea imposible de poner en marcha hasta que se la empresa lo decida.

 PARA SABER MÁS

En el blog de *Antsroute* puedes consultar una entrada en la que se muestra la manera de planificar y optimizar una ruta de entrega con múltiples paradas usando su *software*. Accede al blog desde aquí:

https://redirectoronline.com/coml00090101

Si te estás planteando el uso de herramientas como *Waze* o *Google Maps* para llevar a cabo la planificación de las rutas, siento decirte que no son aplicaciones válidas, puesto que no tienen en cuenta las variaciones y/o restricciones de las rutas, ya que se basan en el cálculo de la ruta entre varios puntos.

 VÍDEO

En el canal de *YouTube* de Ecosistema de Recursos Educativos Digitales SENA, puedes visualizar una publicación acerca de los elementos clave en la planificación y optimización de rutas. Accede desde aquí:

https://redirectoronline.com/coml00090102

APLICACIÓN PRÁCTICA

Lorena quiere automatizar la planificación de las rutas, ya que, debido al incremento de la cantidad de paquetes, se ha dado cuenta de que pierde mucho tiempo haciéndolo de manualmente.

¿Puedes indicarle a Lorena qué aspecto interviene en la planificación de las rutas con respecto a los vehículos de reparto?

Solución

Se deben tener en cuenta las dimensiones y las cargas máximas, además de las velocidades máximas.

---

3. Conocimiento sobre los beneficios de la optimización de rutas

☞ HILO CONDUCTOR

Teresa es especialista en la optimización de procesos, por lo que, con ayuda de Antonio, establecerán los beneficios que puede tener la optimización de las rutas en los procesos de trabajo de la empresa, para, posteriormente, realizar un informe que permita analizar a la empresa la idoneidad de implantar un sistema de optimización de rutas de reparto de paquetes, lo que le permitirá diferenciarse positivamente del resto de empresas del sector.

- -

Actualmente, la mayoría de las empresas se centran en optimizar sus procedimientos, de forma que sean más eficientes, debido al aumento de la competencia de las empresas de transporte y a las demandas de los clientes que cada vez prefieren trabajar con empresas más eficientes y cuidadosas con el medioambiente y con el entorno que les rodea.

Hoy en día, las empresas que quieran ser competitivas dentro del sector del transporte precisan incorporar la optimización de las rutas y de los distintos elementos que intervienen en las mismas tales como personal, vehículos, condiciones del terreno, etc.

 RECUERDA

La planificación y optimización de las rutas de transporte no empieza cuando la mercancía va camino al receptor, sino que debe comenzar en el propio almacén.

- -

Realizar el diseño y planificación de las rutas de transporte correctamente provocará que, con respecto a las empresas de la competencia, tengamos unas **ventajas** entre las que podemos destacar:

- ⊃ **Uso eficiente del tiempo.** Los sistemas de optimización de rutas permiten reducir considerablemente la cantidad de horas dedicadas a la planificación de los recorridos.

Para ello, analizan los factores que intervienen en las rutas, los tiempos de operación y los procesos de entrega, eliminando aquellos elementos que no aportan valor al proceso.

Algunas empresas han conseguido ahorrar hasta un 85 % del tiempo dedicado a la planificación de rutas de reparto.

- **Posibilidades de visibilidad y ahorro.** Permite conocer y evaluar diferentes aspectos que intervienen en el proceso de planificación, como son los recorridos realizados, demoras en la entrega, kilómetros, cantidad de carburante empleado, uso eficiente de los recursos, etc.

- **Mejora del servicio.** Si se analizan y evalúan los procesos que intervienen, se consigue una mejora en los servicios que se le brindan al cliente. Estos valoran muy activamente la posibilidad de controlar sus paquetes y plazos de entrega o, incluso, la modificación en tiempo real del punto de entrega.

  Esta mejora, en muchas ocasiones, está provocando la fidelización de los clientes.

- **Aprovechamiento de la flota.** Además de optimizar los tiempos de entrega, se debe potenciar el uso de la flota de forma adecuada. No se nos ocurre movilizar un vehículo que no esté cargado al completo o que tenga un recorrido mal organizado.

  Con el aprovechamiento de la flota se está rentabilizando el trabajo de la empresa, además de aumentar la competitividad de la misma.

- **Diseño de las rutas.** El diseño de las rutas debe tener en cuenta algunos aspectos como el tráfico, la ubicación, las especificaciones de los clientes, etc.

  Mediante la incorporación de diferentes algoritmos, se consigue mejorar el proceso de entregas, puesto que las herramientas guardan la información de los vehículos, de las cargas y del resto de elementos que intervienen en la entrega.

  No hay que olvidar que, actualmente, se generan una gran cantidad de datos en tiempo real que, si se unifican en una herramienta, permitirán realizar el trabajo de una forma más eficiente, lo que nos ayuda a evitar recorridos innecesarios, modificar las entregas y anticiparnos a los imprevistos que puedan aparecer.

- **Aumento de entregas por vehículo.** Al tener un control casi total sobre la logística, supervisado por un sistema de *software,* es posible organizar las entregas en tiempo real, modificándolas de acuerdo con los cambios que se produzcan en el entorno.

- **Aumento de la capacidad de adaptación.** Si el sistema es capaz de adaptarse a los cambios temporales en el entorno, podemos modificar la planificación de las entregas, de forma que responderemos adecuadamente a los clientes.

  Sobre todo en épocas de grandes volúmenes de entrega, esta característica es importante, ya que requeriremos de un ajuste de la infraestructura y de la flota de vehículos, que nos puede llevar a incurrir en unos excesivos gastos con una reducción de la calidad del servicio.

- **Recopilación de datos y toma de decisiones.** Las personas que intervienen en el proceso de entrega de la mercancía a los clientes deben conocer, en tiempo real, el estado de su entorno, lo que les permitirá tomar decisiones una vez identificados los problemas para llevar a cabo la entrega.
- **Resolución de incidencias.** Los sistemas de optimización de rutas deben ser colaborativos, de forma que todas las personas involucradas en dicho proceso puedan ayudar o resolver las posibles contingencias que se les presenten en el desarrollo de su trabajo.
- **Reducción de gasto de combustible.** Cuanto mayor es la cantidad de vehículos que componen la flota, mayor es el gasto en el combustible y en el mantenimiento de estos.

  Los programas de planificación de rutas tienen la capacidad de registrar, medir, prevenir y reducir los costes, con la consiguiente reducción del riesgo de accidentes de los vehículos gracias a la incorporación de las distintas técnicas de conducción de cada uno de los trabajadores.

 **VÍDEO**

En el canal de *YouTube* de Ecosistema de Recursos Educativos Digitales SENA, puedes visualizar una publicación en la que, en dos minutos, te explican las ventajas que tiene la planificación de las rutas. Para ello accede desde aquí:

https://redirectoronline.com/coml00090103

La detección de los problemas que nos pueden crear las distintas variables que intervienen en la creación de las rutas nos ayuda a gestionar el proceso, pero se debe tener en cuenta que estas cambian de forma constante, por lo que se deben modificar los cálculos de las rutas cada vez que una variable se modifica. Por este motivo, es más fácil confiar en sistemas informatizados (optimizadores). A través de una sencilla interfaz, el sistema muestra la mejor ruta y actualiza el camino que se debe seguir en cada momento. Esto se debe a que tienen en cuenta las incidencias en tiempo real.

La incorporación de la tecnología al proceso de planificación de rutas permite incorporar las características específicas de las rutas en tiempo real.

Si incorporamos un sistema automático de planificación de rutas, obtendremos, además de los **beneficios** anteriores, otros, entre los que destacan:

- **Agilidad en la creación de rutas.** Las empresas, habitualmente, dividen las ciudades en zonas o dejan que sea el propio chófer el que dibuje la ruta que va a seguir, pensando que es el que mejor conoce la zona.
Un planificador de rutas crea en segundos el camino que se debe seguir, incorporando en el diseño las variables de clientes, costes y recursos que se van a utilizar.
- **Ahorro en costes operacionales.** Los programas que se dedican a optimizar las rutas ayudan en el ahorro de combustible, reducción de los tiempos y de los kilómetros recorridos y gestión correcta de los vehículos que conforman la flota de la empresa.
- **Automatización de procesos.** Las empresas que no cuentan con un sistema de optimización de rutas se encuentran con que las rutas no pueden ser modificadas, además de no incorporar la problemática que se pueden encontrar los repartidores.
Con un sistema de planificación de rutas, estas pueden ser compartidas con el resto de los repartidores que conocerán en tiempo real si se han incorporado modificaciones gracias a la interacción con otros repartidores.
- **Mejora de la cultura organizativa.** Si se incorporan todos los elementos que intervienen en el proceso de entrega de mercancía, se puede

analizar el proceso de trabajo y optimizarlo, de forma que se evalúe y se premie a los que sean más eficientes.

- **Seguridad de la información.** Se pueden generar diferentes usuarios a los que se les establecerá un permiso diferente, de forma que el acceso a la información quede protegido. Estos sistemas suelen permitir su integración con otras herramientas que mejorarán los informes y análisis.
- **Toma de decisiones más rápida.** Al registrar los datos de cada una de las entregas que se llevan a cabo, la toma de decisiones se realiza con mayor calidad, puesto que permite tomar decisiones basándose en hechos concretos.
- **Mejora en la gestión de la flota.** Permite evaluar diariamente los vehículos necesarios, debido a que genera las rutas óptimas reduciendo la cantidad de vehículos necesarios, puesto que solamente utiliza los que considera óptimos para realizar el reparto.
- **Aumento de la satisfacción de los clientes.** Las empresas evalúan los servicios logísticos que prestan a los clientes, siendo este uno de los elementos utilizados para decidir si se elige una u otra empresa para prestar el servicio.

  Si no hay nadie presente en el momento de realizar la entrega, el paquete se considera perdido volviendo al almacén de origen, lo que genera insatisfacción por parte del cliente que no recibe su mercancía. Al reducir los tiempos de entrega, se mejora la satisfacción del cliente y se reducen los costes de devolución del producto.
- **Mayor cantidad de clientes visitados.** Utilizando algoritmos de optimización se aumenta la posibilidad de visitar a más clientes a lo largo del día, lo que reduce los gastos de personal y de vehículos.
- **Complejidad y sencillez.** Un optimizador de rutas es un sistema complejo, debido a la gran cantidad de datos que maneja, pero interiormente, puesto que para los clientes se convierte en una herramienta sencilla de utilizar.

  Se estima que las empresas que utilizan un optimizador o planificador de rutas tienen un ahorro del 30 % en los gastos operacionales, una reducción del 10 % en los vehículos utilizados y un aumento del 15 % en la cantidad de clientes visitados.

PARA SABER MÁS

En el blog de *Xataka* puedes encontrar una entrada en la que te explican nueve trucos y consejos para planificar tus trayectos con *Google Maps para Android*. Puedes acceder a la misma desde aquí:

Continúa en página siguiente >>

<< Viene de página anterior

https://redirectoronline.com/coml00090104

ACTIVIDAD COMPLEMENTARIA

1. Investiga acerca de las ventajas de la incorporación de la planificación de rutas y crea un listado con las más importantes.

TAREA 1

Elena trabaja en una empresa de reparto de paquetería y ha recibido el encargo de analizar la capacidad de reparto de la paquetería de sus clientes, puesto que próximamente deben dar servicio a una empresa de venta *online* que quiere que repartan los pedidos de los clientes.

¿Puedes indicarle, al menos, cuatro ventajas que la empresa de Elena obtendrá con la implantación de un sistema de planificación de rutas?

---

4. Resumen

Un reto que se presenta actualmente en las empresas de transporte se centra en las rutas de transporte, siendo un elemento más para tener en cuenta junto con el cuidado y el respeto medioambiental y los procesos de trabajo.

La entrega de las mercancías es un proceso que tiene en cuenta el transporte entre el almacén y el destino del receptor de la mercancía y el almacenaje de la misma en el centro logístico.

En la planificación de las rutas intervienen entre otros, los siguientes aspectos:

- Distancia entre el centro logístico y los diferentes puntos de entrega de pedidos.
- Zonas y proximidad en común de los puntos de entrega.
- Sentido de las vías terrestres y presencia de rutas alternas.
- Cantidad y condiciones de las unidades de transporte logístico disponibles.
- Niveles y capacidad de rendimiento del combustible.
- Cantidad de paradas necesarias.
- Condiciones de las carreteras y los niveles de tráfico que puedan afectar el transporte logístico.
- Obstáculos o incidentes de cualquier tipo que puedan ralentizar el transporte en la ruta logística.

La incorporación de la planificación de las rutas, manual o informáticamente, en una empresa presenta unas ventajas importantes con respecto a las empresas del sector, entre las que destacan:

Ejercicios de autoevaluación
Unidad de Aprendizaje 1

1. Indica si las siguientes oraciones son verdaderas o falsas:

a. Uno de los retos más importantes a los que se enfrentan las empresas logísticas es el aumento del nivel de eficiencia.

- ■ Verdadero
- ■ Falso

b. La planificación de rutas debe tenerse en cuenta exclusivamente en la entrega de las mercancías.

- ■ Verdadero
- ■ Falso

c. Optimizando las rutas estamos reduciendo la contaminación atmosférica y evitando el aumento de los costes de mantenimiento de los vehículos.

- ■ Verdadero
- ■ Falso

2. La parte de dentro de la cadena logística que tiene un mayor impacto en los gastos de las empresas es...

a. ... la adquisición de nuevos vehículos.
b. ... la contratación de personal.
c. ... la entrega de las mercancías.
d. ... los costes de mantenimiento de los vehículos.

3. Cuando hablamos de planificación de rutas nos referimos a...

a. ... el traslado de mercancía entre dos puntos, origen y destino.
b. ... la distancia existente entre los puntos de almacenamiento y entrega al destinatario.
c. ... la ubicación de los materiales dentro del almacén.
d. Las opciones a y c son correctas.

4. La etapa encargada de estudiar el número de viajes que se producen entre el origen y una zona de destino es...

    a. ... la distribución del viaje.
    b. ... la elección de la movilidad.
    c. ... la elección de la ruta.
    d. ... la generación de viajes.

5. Un elemento que NO interviene en la planificación de rutas es...

    a. ... el personal.
    b. ... la flota de vehículos.
    c. ... la ubicación del centro de distribución.
    d. ... las restricciones posibles del tráfico.

6. Entre los elementos que deben evaluarse continuamente para optimizar y mejorar la planificación de transporte se encuentran...

    a. ... los factores empresariales.
    b. ... los factores medioambientales.
    c. ... los factores referidos al producto.
    d. Las opciones a y c son correctas.

7. En el proceso de planificación de rutas de reparto intervienen...

    a. ... establecimiento de las rutas de distribución.
    b. ... la capacitación del personal para entregar el producto.
    c. ... el análisis de los vehículos más adecuados.
    d. Todas las opciones son correctas.

8. Entre las ventajas de incorporar un programa que automatice la planificación de las rutas de reparto se encuentra el...

    a. ... seguimiento en tiempo real de las mercancías.
    b. ... control sobre los vehículos y sus conductores.
    c. ... control del mantenimiento de los vehículos.
    d. Todas las opciones son correctas.

9. **La incorporación de un sistema de planificación de rutas tiene unos beneficios entre los que se encuentra...**

   a. ... controlar los tiempos de trabajo.
   b. ... estudiar las multas recibidas por el personal.
   c. ... reducir el gasto en combustible.
   d. ... aumentar los tiempos de operación.

10. **El control total sobre la logística implementando un sistema de *software* permite...**

   a. ... aumentar la flota de vehículos.
   b. ... aumentar la productividad.
   c. ... estudiar el comportamiento del cliente.
   d. ... reducir los tiempos de entrega.

Conocimiento de la digitalización en la optimización de las rutas

Contenido

Objetivos

El objetivo general de esta Unidad de Aprendizaje es:

→ Identificar las distintas tecnologías disruptivas que intervienen en la planificación y gestión de las rutas de reparto.

Los objetivos específicos de esta Unidad de Aprendizaje son:

→ Definir correctamente lo que se entiende por innovación disruptiva.

→ Enumerar las tecnologías disruptivas que se emplean en la planificación de rutas.

→ Diferenciar las tecnologías disruptivas que intervienen en los programas de optimización y planificación de rutas de reparto.

→ Enumerar las distintas tendencias que se encuentran en el proceso logístico.

1. Introducción

La tecnología es un elemento que está presente en todos los ámbitos tanto personales como laborales y en todos los sectores productivos empresariales. Con el paso del tiempo, la tecnología ha ido incrementando su presencia en el sector industrial hasta la actualidad, en la que se habla de la Cuarta Revolución Industrial, en la que destaca un incremento del uso de la tecnología en las máquinas y procesos desarrollados.

Antonio y Teresa son conscientes de la importancia que la tecnología ha adquirido y quieren analizar otras tecnologías que, actualmente, están en proceso de evolución y que tienen una presencia menor dentro del sector, que son las denominadas tecnologías disruptivas. Estas, para que sean consideradas disruptivas deben modificar un hábito, puesto que, en caso contrario, será considerada exclusivamente como una mejora en el proceso de trabajo.

2. Identificación de las tecnologías disruptivas y emergentes para la gestión de rutas

☞ **HILO CONDUCTOR**

Una vez que Antonio y Teresa han conocido la importancia que adquiere la planificación de las rutas de reparto como elemento de fidelización de clientes y de optimización de los procesos logísticos, Teresa le plantea a Antonio que deben analizar las nuevas tecnologías que se pueden incorporar al sector logístico, que consiguen optimizar los procesos y así conseguir que las empresas sean sostenibles y respetuosas con el medioambiente, además de ser rentables cuidando el entorno en el que se encuentran.

Si echásemos la vista atrás, elementos tan cotidianos como la rueda, la bombilla o el teléfono móvil nos parecerían elementos imposibles de existir. La aparición de estos elementos ha provocado cambios importantes en el quehacer diario de las personas.

Para que se produzcan estos cambios que alteran la forma de vivir de las personas, deben existir empresas que investiguen y desarrollen nuevos productos que consigan mejorar un producto existente o desarrollar otros nuevos que cubran una necesidad que no está cubierta. Para ello existen los departamentos de investigación y desarrollo (I+D), encargados de avanzar en lo que se conoce como revoluciones industriales.

Las **tecnologías disruptivas** son aquellas que son capaces de **alterar la forma de trabajar** de las empresas gracias a la **incorporación de nuevos procesos.**

 SABÍAS QUE...

El término **innovación disruptiva** fue acuñado por Clayton Christensen en la revista *Harvard Business Review,* en el año 1995.

Según Christensen la tecnología disruptiva es aquella que provoca un cambio relevante y rompe la forma de operar de las empresas e industrias, en gran parte, debido a la digitalización y a los avances emergentes.

Las tecnologías disruptivas afectan a todos los sectores, no exclusivamente al logístico.

Un ejemplo claro de una tecnología disruptiva es la aparición de los ordenadores personales, que transformaron completamente la manera de trabajar, estudiar, colaborar o, incluso, pasar el tiempo de ocio. Esto provocó que las familias, por ejemplo, decidieran apartar las máquinas de escribir y compraran un ordenador personal, lo que aumento la demanda de estos.

RECUERDA

Para considerar disruptiva a una tecnología debe ser accesible a la mayoría de las personas, además de cambiar hábitos y comportamientos.

Actualmente podemos encontrar en nuestro entorno diferentes **tipos de tecnologías disruptivas,** como son:

- *Big data.* El *big data* se caracteriza por ofrecer la posibilidad de analizar y gestionar un alto volumen de datos que ayuda en la toma de decisiones. Esta tecnología innovadora proporciona grandes ventajas competitivas, ya que reduce costes, ahorra tiempo, mejora la calidad del producto final, además de reducir los fallos y errores que se producen en los procesos.
- *Blockchain.* Esta tecnología se aplica en los procesos de trabajo, de forma que se convierten en procesos más seguros y transparentes, que son compartidos entre diferentes entornos.
  Su funcionamiento es una cadena de bloques que se encuentran interconectados entre sí, lo que garantiza la trazabilidad de los procesos.
- *Chatbots* **y asistentes virtuales.** Tecnologías que ofrecen la posibilidad a los usuarios de resolver sus dudas o problemas todos los días del año, 24 horas al día.
  No se deben confundir los *chatbots* (aplicaciones que mantienen una conversación con una persona de forma automática y autónoma) con los asistentes virtuales, que realizan distintas preguntas para conocer las necesidades o gustos del usuario.
- **Ciberseguridad.** La ciberseguridad es el conjunto de herramientas y procesos que se implementan para asegurar la información generada por los dispositivos utilizados en los procesos logísticos.
  Es necesario proteger la información, sobre todo si se trabaja con datos confidenciales, privados o sensibles.
- **Computación cuántica.** Si se necesita resolver problemas complejos en poco tiempo y, a su vez, crear algoritmos eficaces, hay que utilizar la computación cuántica.
  Esta tecnología permite procesar información con unos altos niveles de información, como, por ejemplo, la creación de nuevos fármacos personalizados.
- **Hiperpersonalización.** Permite la creación de un producto o servicio exclusivo para cada cliente.
  Al utilizar la inteligencia artificial con los datos en tiempo real, se puede mejorar la experiencia de usuario. Esta tecnología se utiliza, sobre todo, en el sector del *marketing* y de la comunicación.

- **Huellas digitales.** Sistema que certifica que una persona es quien dice ser, para lo que utiliza un dispositivo electrónico.
- **Impresión 3D.** Esta tecnología supone un cambio importante en el desarrollo y fabricación de productos, puesto que nos permite analizar su funcionamiento y su viabilidad con una inversión inicial baja.

  La impresión 3D promete avances importantes en los sectores industriales, además del sector alimentario, con la posibilidad de crear productos comestibles.
- **Inteligencia artificial y *machine learning*.** Si combinamos los algoritmos que se programan para que una máquina lleve a cabo una acción que, hasta la fecha, era desarrollada por personas y que pudiera ser peligrosa, podemos enseñarle a la máquina los trabajos que debe desempeñar para que, posteriormente, los realice de forma autónoma.
- **Nanotecnología.** Esta tecnología, basada en el estudio y manipulación de materiales en tamaños muy pequeños, permitirá crear materiales más fuertes, ligeros o duraderos que los que se utilizan actualmente.

  Un ejemplo en el uso de esta tecnología es el grafeno.
- **Química computacional.** Esta utiliza métodos específicos para resolver problemas químicos, reduciendo el tiempo y los recursos necesarios para su resolución.

  Mediante la introducción de distintos parámetros, el equipo es capaz de predecir la fórmula más adecuada. Además, también ayuda a comprender las reacciones que se producen y cómo se comportan los elementos cuando se mezclan varios de ellos.
- **Realidad virtual.** Esta tecnología permite la creación de un modelo de simulación virtual de los procesos mediante los llamados *digital twins,* que permite el análisis de los resultados obtenidos antes de implantar los cambios en los procesos.
- **Servicios en la nube *(cloud)*.** Esta tecnología permite guardar archivos externos, lo que permite el uso y acceso de los mismos desde cualquier ubicación siendo necesario únicamente el disponer de una conexión a internet y un dispositivo.
- ***Smart cities* o ciudades inteligentes.** Las denominadas *smart cities* o ciudades inteligentes son aquellas que incorporan en su día a día las tecnologías de la información y de la comunicación (TIC) para mejorar su infraestructura, movilidad y servicios públicos.

  Esta tecnología sitúa a las personas en centro del diseño de las ciudades y el desarrollo de las mismas mejorando la calidad de vida de los ciudadanos.
- **Tecnología 5G.** La tecnología 5G se ha vuelto fundamental para que se pueda desarrollar el internet de las cosas (IoT).

  Esta tecnología permite que una gran cantidad de dispositivos estén conectados permanentemente a internet y compartan una gran cantidad de información con altas velocidades.

🎥 VÍDEO

Puedes ver un vídeo de la mesa coloquio organizada por Expansión, en la que se trató el uso de las tecnologías disruptivas para una industria logística más inteligente, accediendo desde aquí:

https://redirectoronline.com/coml00090201

2.1. Revolución industrial y tecnologías disruptivas

La aparición de una revolución industrial es debida, en gran medida, a la aparición de nuevas tecnologías que provocan cambios en la estructura de la sociedad y en el modelo económico que tiene implantado. Actualmente, la Cuarta Revolución Industrial ha provocado cambios en la forma de trabajar, incorporando los sistemas informáticos a los procesos que poco a poco van derivando en la denominada Quinta Revolución Industrial, en la que la interacción de las personas con las máquinas está tomando una relevancia importante. Mediante la inteligencia artificial (IA) y el *machine learning* (ML) se está consiguiendo que, por ejemplo, las máquinas lleven a cabo los trabajos peligrosos o repetitivos, mientras que las personas quedan como supervisoras de que ese trabajo se realice correctamente.

⊕ PARA SABER MÁS

Teresa de la Cruz realiza una descripción de lo que es la logística disruptiva en el blog de la empresa Mecalux. Puedes consultarlo accediendo desde aquí:

Continúa en página siguiente >>

<< Viene de página anterior

https://redirectoronline.com/coml00090202

Tanto la Cuarta como la Quinta Revolución Industrial se caracterizan por tener un impacto positivo sobre la vida de las personas. Dentro de ese **impacto positivo** destacan:

Aumento de la productividad
- Se reducen o eliminan los errores y fallos que se producen en la producción, lo que reduce los tiempos de fabricación y los recursos utilizados.

Aumento de la competitividad
- Las nuevas tecnologías ayudan a desarrollar nuevos productos que pueden llegar a ser personalizados con unos niveles de calidad adecuados a los requerimientos de los clientes.

Mayor seguridad laboral
- Al realizar las máquinas y robots los trabajos más arriesgados, se aumenta la seguridad de los trabajadores.

Cuidado de los datos
- Se garantiza la seguridad de los datos, de forma que únicamente se permite el acceso a los mismos a las personas que están autorizadas para ello.

Como no podía ser de otra manera, el sector logístico también ha ido incorporando este tipo de tecnología disruptiva que ha provocado cambios importantes en la forma de trabajar y relacionarse con los clientes y proveedores, sobre todo gracias a la incorporación de la informática en los procesos que se llevan a cabo.

La incorporación de la tecnología al sector logístico ha provocado un incremento considerable de datos en todos los procesos que intervienen.

 ACTIVIDAD COMPLEMENTARIA

2. Investiga en fuentes externas sobre las características de la denominada Quinta Revolución Industrial.

2.2. El sector logístico y la incorporación de la tecnología

La incorporación de la tecnología al sector logístico ha provocado que muchos de los procesos que se llevaban a cabo se vuelvan más eficientes, aumentando la productividad del personal y la rentabilidad empresarial, ofreciendo a los clientes servicios personalizados que se ajusten a sus necesidades, sin perder de vista la consiguiente reducción de los errores que se pueden cometer con la gestión manual de los procesos.

 PARA SABER MÁS

La empresa DispatchTrack presenta en su blog una predicción acerca de la industria logística en el año 2023 que te recomendamos leer, ya que analiza los cuatro puntos que deben fortalecer las empresas logísticas. Puedes consultarlo accediendo desde aquí:

Continúa en página siguiente >>

<< Viene de página anterior

https://redirectoronline.com/coml00090208

Aunque son muchas las aplicaciones logísticas que podemos encontrar en el mercado destacan, sobre todo, aquellas que permiten realizar un seguimiento y optimización del transporte de mercancías.

Gracias al aumento del comercio electrónico, se ha hecho imprescindible incorporar la tecnología como elemento de ayuda en la gestión de la gran cantidad de paquetes que envían los vendedores a los clientes finales, y que quieren conocer en todo momento el estado de su producto y los datos correspondientes a la entrega de los mismos.

La industria se enfrenta a un panorama empresarial muy competitivo, hablando ya de la Industria 5.0., lo que provoca que se deban actualizar constantemente los procesos, de forma que se integren la eficiencia energética y la seguridad de los procesos junto con la reducción de costes, obligándoles a incorporar sistemas de control y automatización de los procesos productivos.

Todo cambio en los procesos productivos incorpora a los mismos una serie de **ventajas e inconvenientes:**

➲ **Ventajas:**

   ᴑ **Ahorro en la mano de obra:** al incorporar maquinaria en los procesos se reduce la mano de obra humana, produciendo un ahorro en costes y en salarios. Debemos tener en cuenta que los equipos automáticos tienen la posibilidad de funcionar 24 horas los 7 días de la semana sin parar.
   ᴑ **Aumento de la productividad:** debido al trabajo durante largos períodos de tiempo sin perder precisión en el trabajo desarrollado, aumentando la eficiencia a lo largo de las horas de trabajo.

- **Mejora de la calidad del producto:** debido a que se reduce la tasa de unidades defectuosas, puesto que la automatización esta monitorizada en todas las etapas por las que pasa el producto.
- **Mejora de la seguridad:** al tener la posibilidad de que las máquinas trabajen en entornos inseguros o insalubres para las personas, porque son tareas repetitivas o porque se deben mover cargas pesadas.
- **Monitorización remota:** que permite supervisar los procesos sin la necesidad de estar presentes en la ubicación de la máquina, pudiendo controlar desde un único puesto todo el proceso y todas las máquinas que intervengan en el mismo.

➲ **Inconvenientes:**

- **Aumento de la contaminación:** ya que estas máquinas necesitan aceites y otros elementos que pueden ser contaminantes para el medioambiente.
- **Costes elevados:** al implementar un sistema de automatización, hay que tener en cuenta los costes de mantenimiento y los de adaptación de las personas a esta maquinaria.
- **Menor versatilidad:** puesto que las máquinas solamente pueden llevar a cabo una única tarea. No hay que olvidar que no se pueden automatizar todas las tareas y que no puede utilizarse en todos los procesos.
- **Pérdida de empleo:** al reducirse la necesidad de mano de obra humana.

DEFINICIÓN

Industria 5.0.
Consiste en integrar las máquinas con las personas en el proceso productivo empresarial para crear espacios de trabajo más eficientes y productivos.

- -

Es sabido que la tecnología es un elemento cambiante y en constante evolución, por lo que entre las **tendencias actuales** que se encuentran en el proceso logístico, podemos destacar:

➲ **La automatización industrial.** Las nuevas tecnologías han provocado que la automatización sea más accesible para los fabricantes consiguiendo, de esta manera, la denominada "automatización para todos".

Esta automatización es posible gracias a los robots y a los cambios en las distintas tecnologías que, actualmente, son más sencillas de utilizar, además de permitir el trabajo entre personas y máquinas.

- **Aumento de la automatización.** En los últimos tiempos, muchas empresas han modificado su estrategia de automatización para ser más eficientes, centrándose, sobre todo, en la actualización de las infraestructuras, permitiendo el control y supervisión de los procesos a distancia, sin perder de vista la eficiencia de los procesos.

- **Incorporación de la robótica móvil.** La robótica está haciendo que una gran cantidad de empresas, que antiguamente no podían acceder a la automatización industrial, principalmente, por sus altos costes, ahora lo puedan hacer.

- **Aumento de la automatización en TI.** Los flujos de trabajo se han tratado de homogenizar, pero, debido a las infraestructuras, no se ha conseguido implantar un sistema que lo consiga, principalmente, debido a que cada automatización está enfocada para un sector específico y para un proceso concreto.

- **Crecimiento de la automatización colaborativa.** La colaboración entre persona y máquinas va a ser fundamental en un futuro no muy lejano. Podemos pensar que las máquinas van a sustituir a las personas, pero no se debe olvidar que para programar una máquina siempre será necesario un humano que decida el proceso que debe llevar a cabo.

- *Picking* **automatizado.** El uso en la automatización de almacenes que mejoran los tiempos de respuesta y la eficiencia del almacén es el uso más habitual de los robots.

- **Incorporación del IoT.** La incorporación de las nuevas tecnologías empuja a los fabricantes a modificar las instalaciones y a tratar de convertirlas en instalaciones inteligentes.

  Mediante la incorporación de sensores se consigue mejorar la eficiencia, además de detectar posibles problemas antes de que sucedan para tener una posible solución, de manera que no se vea afectada la productividad empresarial.

La incorporación de la tecnología a los procesos logísticos es un aspecto sobre el que las empresas logísticas están trabajando para tratar de alcanzar la eficiencia, la optimización y la automatización de los procesos.

Las tecnologías disruptivas se complementan entre ellas.

Entre todas las **tecnologías disruptivas** más usadas en el sector logístico encontramos:

- ⮑ *Big data.* Con la implantación del *big data* se puede centralizar toda la información de la carga, lo que permitirá generar la ruta más adecuada o el operador logístico que debe realizar el transporte y la entrega o, por ejemplo, prever cualquier incidencia climatológica o en las carreteras que afecte al transporte, pudiendo ofrecer, de forma inmediata, una alternativa a dicho problema, de manera que se cumplan los plazos de entrega.
- ⮑ **Internet de las cosas (IoT).** Con la incorporación del internet de las cosas (IoT), vamos a poder conocer en todo momento la ubicación de la carga, para lo cual se pueden utilizar etiquetas RFID, que transmitan la información a un servidor global (nube) que permita construir un plan logístico integral a nivel empresarial.
- ⮑ *Blockchain.* Esta tecnología permite que el sector logístico funcione de manera más eficiente gracias al intercambio de una gran cantidad de datos, con la ventaja de que se son inalterables, permitiendo el acceso simultáneo a los mismos por parte de distintas aplicaciones.

En la incorporación de estas tecnologías no hay que perder de vista las barreras que se pueden encontrar en su implantación, como la infraestructura que hay que desplegar, las tecnologías que pueden ser limitantes o, directamente, las restricciones que puedan existir entre países o entre los propios operadores logísticos.

 **PARA SABER MÁS**

En el blog de la empresa Mecalux, puedes leer la entrada correspondiente a la internet física: innovación disruptiva para una cadena de suministro sostenible. En dicha entrada, Milos Milenkovic plantea un sistema mundial de transporte de mercancías que funciona como internet. Accede desde aquí para consultarlo:

https://redirectoronline.com/coml00090209

Además, el EAE Business School de Barcelona, dentro de su web dedicada a los retos en *supply chain,* tiene publicado un artículo en el que se analiza el uso del internet de las cosas (IoT) en la logística, donde se analizan los distintos retos y oportunidades que ofrece esta tecnología al sector logístico. Puedes consultarlo accediendo desde aquí:

https://redirectoronline.com/coml00090205

- -

 TAREA 2

Jorge no duda acerca de que en el sector logístico se están produciendo cambios importantes debidos en gran parte a la incorporación de la tecnología a los procesos productivos en el transporte de mercancías.

Continúa en página siguiente >>

<< Viene de página anterior

¿Puedes ayudarle enumerando las distintas tendencias que se pueden encontrar en el proceso logístico?

 **APLICACIÓN PRÁCTICA**

Fernando está analizando las diferentes tecnologías que puede implementar en su empresa logística. Ha analizado varias de ellas y considera que la que más le interesa es aquella que le permite realizar el seguimiento de la carga durante todo el transporte entre el almacén de carga y el cliente, ya que es una carga que tiene unas características de transporte especiales.

¿Puedes indicarle a Fernando cuál de las siguientes tecnologías es la que mejor se adapta a sus necesidades?

- **Automatización del transporte**
- **Big data**
- **Blockchain**
- **Internet de las cosas (IoT)**

Solución

Con el internet de las cosas (IoT) se puede conocer en todo momento la ubicación del medio de transporte, así como controlar las condiciones en las que se realiza el mismo.

---

3. Resumen

Las tecnologías disruptivas deben tener la capacidad de alterar la forma de trabajar de las empresas, gracias a la incorporación de nuevos procesos. Dicho de otra manera, para que una tecnología se considere disruptiva, debe modificar un comportamiento, ser accesible a la mayoría de la población, y modificar un hábito.

Actualmente, podemos encontrar en nuestro entorno diferentes tecnologías disruptivas como son:

- *Big data*
- *Blockchain*
- *Chatbots* y asistentes virtuales
- Ciberseguridad
- Computación cuántica
- Hiperpersonalización
- Huellas digitales
- Impresión 3D
- Inteligencia artificial y *machine learning*
- Nanotecnología
- Química computacional
- Realidad virtual
- Servicios en la nube *(cloud)*
- *Smart cities* o ciudades inteligentes
- Tecnología 5G

La incorporación de la tecnología al sector logístico ha provocado un aumento en la eficiencia de los procesos, la productividad personal y la rentabilidad empresarial.

Entre las tecnologías disruptivas más usadas en el sector logístico encontramos:

Big data	Internet de las cosas (IoT)	Blockchain

En la incorporación de las tecnologías al sector logístico no hay que perder de vista las barreras que se pueden encontrar a su implantación, como la infraestructura que hay que desplegar, las tecnologías que pueden ser limitantes o las restricciones que puedan existir entre países o entre los propios operadores logísticos.

Ejercicios de autoevaluación
Unidad de Aprendizaje 2

1. Una tecnología disruptiva es aquella que...

    a. ... se centran en el uso de la tecnología.
    b. ... son capaces de alterar la forma de trabajar.
    c. ... se utiliza exclusivamente en el sector logístico.
    d. ... ayuda en la adquisición de nuevos vehículos.

2. El término "innovación disruptiva" fue acuñado en el año:

    a. 1990
    b. 1992
    c. 1995
    d. 1999

3. La tecnología que trabaja para crear procesos compartidos, transparentes y seguros es:

    a. La inteligencia artificial
    b. La ciberseguridad
    c. La tecnología 5G
    d. El *blockchain*

4. ¿A qué se define de la siguiente manera? "La programación de una máquina para que realice acciones que hasta ahora eran desarrolladas por personas".

    a. A la inteligencia artificial
    b. A la realidad virtual
    c. A la nanotecnología
    d. A los servicios en la nube *(cloud)*

5. La tecnología que permite manipular la materia en tamaños muy pequeños es...

    a. ... el *machine learning.*
    b. ... el internet de las cosas.

    c. ... la nanotecnología.
    d. ... el *big data.*

6. La tecnología que permite la creación de un servicio o producto personalizado a las necesidades del cliente es...

    a. ... el *big data.*
    b. ... la impresión 3D.
    c. ... la computación cuántica.
    d. ... la hiperpersonalización.

7. Dentro del impacto positivo que tienen la Cuarta y Quinta Revolución Industrial encontramos...

    a. ... aumento de la productividad.
    b. ... aumento de la competitividad.
    c. ... aumento de la seguridad laboral.
    d. Todas las opciones son correctas.

8. La incorporación de la tecnología al sector logístico ha provocado que este...

    a. ... se vuelva más eficiente.
    b. ... aumente la productividad del personal.
    c. ... aumente la rentabilidad empresarial.
    d. Todas las opciones son correctas.

9. Una ventaja en el cambio de los procesos productivos es...

    a. ... aumento de la contaminación.
    b. ... aumento de costes.
    c. ... monitorización remota de los procesos.
    d. ... pérdida de puestos de trabajo.

10. Un inconveniente que se encuentra en la implantación de un proceso productivo es...

    a. ... ahorro en la mano de obra.
    b. ... posible aumento de la contaminación.

c. ... mejora en la calidad del producto.
d. ... mejora en la seguridad de los procesos.

Definición y clasificación de transporte multimodal e intermodal

Contenido

Objetivos

El objetivo general de esta Unidad de Aprendizaje es:

→ Analizar los transportes multimodales e intermodales.

Los objetivos específicos de esta Unidad de Aprendizaje son:

→ Especificar las características del transporte intermodal y multimodal.

→ Identificar las ventajas e inconvenientes del transporte multimodal e intermodal.

→ Analizar la importancia del mapeo de los transportes como elemento de control de la mercancía.

→ Conocer las ventajas que ofrece el *big data,* cuando se integran todos los datos generados en el proceso logístico.

→ Comparar las ventajas e inconvenientes del transporte intermodal con respecto al transporte multimodal.

1. Introducción

Dentro del sector logístico se pueden encontrar distintos medios para enviar, transportar y entregar mercancía desde los almacenes o puntos de origen, hasta los destinatarios o puntos finales, como puede ser a través del ferrocarril, por mar, por vía terrestre o aérea, etc.

Para seleccionar correctamente el mejor medio de transporte se debe tener en cuenta el tipo de carga que se va a mover, por lo que es importante conocer las características del producto y las propias del cliente para seleccionar correctamente el medio de trasporte óptimo para llevarlo a cabo.

En la empresa de Antonio y Teresa son conscientes de la importancia que tiene que el cliente reciba su mercancía en el plazo estipulado, lo que provoca que se muevan las cargas según los clientes van reclamando, porque seleccionan los operadores más económicos, sin tener en cuenta las posibilidades que les ofrece el *big data*, una correcta planificación y una adecuada selección de los operadores logísticos con los que trabajar.

2. Identificación de las ventajas e inconvenientes del transporte multimodal e intermodal

☞ HILO CONDUCTOR

Antonio y Teresa quieren optimizar los procesos logísticos que se llevan a cabo en su empresa, para lo cual, primero, deben conocer las características de los distintos métodos de transporte, así como aquellos aspectos que los diferencian del resto.

En esta ocasión, realizarán una aproximación a los distintos métodos, centrándose sobre todo en uno de los más utilizados, como es el transporte intermodal, analizando sus ventajas e inconvenientes con respecto al transporte multimodal, que es otro de los más utilizados.

Podemos afirmar que, actualmente, el transporte de mercancías se ha vuelto un activo muy importante de la cadena logística, de manera que se ha vuelto relevante para que se puedan desarrollar las actividades del resto de empresas.

El conocimiento de los diferentes tipos de trasportes nos ayudará a conseguir una cadena de suministro más eficiente. No hay que olvidar que en una gran cantidad de movimientos de mercancías se utilizan, al menos, dos medios de transporte hasta que el producto llega a su destino final.

Dentro del sector logístico se pueden encontrar diferentes modos de transportar las mercancías que, en algunas ocasiones, consisten en la combinación de diferentes modos de transporte.

En un mundo cada vez más globalizado es necesario que los distintos medios de transporte convivan.

El aumento de la demanda de bienes, experimentado por el crecimiento exponencial de los sitios de comercio electrónico, ha provocado un crecimiento importante del sector logístico, que ha provocado cambios en los modelos de transporte, que se han convertido en modelos más sostenibles y eficientes.

Dentro de los modos de transporte de las mercancías podemos encontrar dos que destacan sobre el resto, el **intermodal** y el **multimodal,** que se refieren al uso de distintos medios de transporte de las mercancías desde su origen hasta su destino, centrándose en la manera en la que se trasporta la carga.

El **transporte multimodal** se caracteriza porque las mercancías se transportan en distintas unidades de carga (palés, paquetes, etc.) que pueden tener diferentes medidas y que se manipulan de forma independiente. En este modo, las cargas son descargadas de un camión para cargarlas en un barco y, posteriormente, volver a cargarse en otro camión.

Lo esencial dentro de un trasporte multimodal, además de que las mercancías se transportan en distintas unidades de carga, es que el proceso se lleva a cabo bajo la responsabilidad de un único operador logístico, que es el encargado de ofrecer el servicio logístico necesario para que el cliente reciba la carga.

El transporte multimodal utiliza diferentes medios de transporte por un único operador.

El **transporte intermodal** es aquel en el que, aunque también se utilizan distintos medios de transporte, la mercancía no se carga y se descarga de forma unitaria, sino que se traslada usando la unidad de carga (UIT) de un medio a otro de transporte.

DEFINICIÓN

Unidad de transporte intermodal (UTI)
Son las cajas de transporte, como el contenedor, la caja móvil o el semirremolque adecuado para su manipulación.

2.1. Ventajas e inconvenientes

Aunque ambos sistemas de transporte son similares, su diferencia reside en la **cantidad de operadores que intervienen en el proceso de traslado de las mercancías** y, consecuentemente, en el número de contratos que se emiten en los procesos de traslado. Mientras que en el transporte multimodal únicamente se firma un contrato, en el transporte intermodal se firman varios contratos, ya que, en este último modo de transporte, son varios los agentes logísticos que se encargan de que la mercancía llegue a su destino.

La incorporación del transporte intermodal a los sistemas logísticos nos ofrece las siguientes **ventajas** e **inconvenientes:**

○ **Ventajas:**

- ◑ La carga y descarga se realizan de una forma más rápida al moverse unidades de carga entre los medios de transporte.
- ◑ Reducción en el consumo de combustible y en el mantenimiento de los vehículos al utilizar distintos medios de transporte.
- ◑ Mayor agilidad a la hora de inspeccionar los contendedores, puesto que estos van precintados y revisados, generalmente, en el origen.
- ◑ Reducción del riesgo de pérdidas o robos de mercancías al ir en unidades de carga cerradas.
- ◑ Mejora en la monitorización de la carga, puesto que es suficiente con monitorizar un contenedor.
- ◑ Reducción de la cantidad de residuos generados, menos plástico, etc., lo que provoca un transporte más sostenible, valor en alza, y que, en muchas ocasiones, resulta determinante para que el cliente elija a la empresa.
- ◑ Reducción de costes, puesto que los precios dependen de las operaciones que deban llevarse a cabo.

○ **Desventajas:**

- ◑ El movimiento de las cargas suele ser más lento que en el caso del transporte multimodal.
- ◑ La infraestructura requerida para el movimiento de cargas suele ser cara.
- ◑ Se necesita ensamblar los productos de forma especial para evitar que sufran daños en el transporte.
- ◑ El uso de los elementos para ensamblar y proteger las cargas encarece el precio final del servicio.

2.2. Medios utilizados en el transporte intermodal

Dependiendo del **medio** que se utilice para llevar a cabo **el transporte intermodal,** podemos encontrar las siguientes **ventajas:**

○ **Carretera:**

- ◑ Permite una gran flexibilidad a la hora de mover las cargas.
- ◑ Se adapta a las diferentes zonas de reparto y recogidas, cumpliendo las condiciones específicas como pueden ser los centros de las ciudades o los polígonos industriales, simplemente modificando el tipo de vehículo utilizado.

⮩ **Ferroviario:**

- ◑ Es un transporte muy económico.
- ◑ Centrado, sobre todo, en transportes de mucho volumen o grandes capacidades en largas distancias.
- ◑ Se evitan los problemas de puntualidad, puesto que tiene horarios fijos.
- ◑ Es quizás el medio de transporte más sostenible y menos contaminante.

⮩ **Marítimo:**

- ◑ Al igual que el ferroviario, es un transporte económico.
- ◑ Tiene capacidad para transportar cargas con grandes volúmenes.
- ◑ Conecta partes del mundo que no pueden recibir las cargas de otra manera, como son las islas.
- ◑ Usa plazos de entrega mayores, siendo una alternativa al transporte aéreo.

Comparativa de los distintos medios que intervienen en el transporte intermodal.
Fuente: https://retos-operaciones-logistica.eae.es

Las **combinaciones** más habituales que se suelen llevar a cabo dentro del transporte intermodal, atendiendo a los medios de transporte son:

- **Carretera con ferrocarril.** Esta combinación se subdivide en:

  - **Contenedores o cajas móviles:** que se suelen transportar en vagones plataformas, denominándose *ferroutage* o transporte combinado.
  - **Semirremolques o *piggyback:*** en esta combinación los semirremolques deben tener en cuenta las dimensiones máximas y los gálibos de los túneles.
  - **Camiones completos:** ubicados en vagones con plataforma. Este método se conoce como Ro-Ro *(Roll-On Roll-Off)* en inglés y *transroulage* en francés.

- **Carretera con marítimo.** Cualquiera de los elementos anteriores puede llevar a cabo el transporte de bordo de un buque de carga. Podemos cargar un contenedor, un semirremolque o un camión completo (Ro-Ro).
- **Ferrocarril con marítimo.** En este método, las unidades de carga (UTI) se trasladan desde los trenes portacontenedores a los buques mediante el uso de grúas específicas como las grúas pórtico.

Una vez analizados los dos tipos de transporte más utilizados, debemos tener en cuenta algunos **aspectos** que nos ayuden a seleccionar cuando es mejor **utilizar un transporte intermodal,** entre ellos, debemos tener en cuenta:

Naturaleza y volumen de la carga
- El transporte intermodal suele ser el más adecuado cuando se quiere trasladar productos cuyo peso es inferior a 25 toneladas (Tn).

Medios de transporte utilizados
- En el transporte intermodal, se utilizan diferentes medios de transporte que se complementan.
- Los más utilizados son el marítimo, el ferrocarril y el transporte por carretera, quedando el aéreo relegado, puesto que únicamente necesita otro medio de transporte para sus primeros y últimos kilómetros.

Distancia a recorrer
- Cuanto mayor sea la distancia que se recorre, mayor es la probabilidad de uso de un método de transporte intermodal.

Valor de la mercancía
- Este modo de transporte es adecuado para productos cuyo valor no sea muy alto, puesto que este tipo de mercancías se realizan mediante el transporte directo en el mayor número de ocasiones.

 **RECUERDA**

La característica principal de un transporte intermodal es que se emite un único documento, aunque la mercancía se traslade de un medio a otro.

En la actualidad, el transporte intermodal es el más utilizado en gran medida gracias a:

● **La evolución del transporte por carretera.** El sector debe evolucionar, debido, en gran parte, a la escasez de conductores, reducción de las capacidades de los vehículos, así como el aumento de los precios del combustible.
● **Mejora de las infraestructuras.** Mediante la puesta en marcha de plataformas logísticas que permiten combinar distintos medios de transporte, así como reducir los procesos administrativos que se deben cumplir, gracias a la unificación de los procedimientos de trabajo.
● **Cambios en las estrategias logísticas.** Las principales empresas logísticas buscan optimizar sus procesos, de forma que sean más sostenibles, respetuosos con el medioambiente y que mejoren los resultados obtenidos.
● **Aumento de la eficiencia.** Al incorporar cambios en sus estrategias logísticas, las empresas pueden volcar dichas mejoras en la reducción de las tarifas, flexibilidad en la carga y descarga de los paquetes, reducción en los plazos de entrega o adaptación a las necesidades específicas de las cargas y los clientes.

 IMPORTANTE

No se puede perder de vista la importancia que adquiere el respeto al medioambiente y al entorno, lo que provoca que la sostenibilidad del transporte por carretera sea un aspecto que todas las empresas deben contemplar. Reducir el CO_2, el aumento de la seguridad de los vehículos destinados al transporte de mercancías peligrosas y el cuidado de los derechos de las personas que trabajan en el sector, han provocado una mejora en el sector logístico, que ha conseguido mejorar el servicio logístico puerta a puerta.

2.3. Otros tipos de transporte

Además del transporte intermodal y multimodal, también podemos encontrarnos **otros tipos** entre los que se encuentran:

- **Transporte segmentado.** Este modelo de transporte se caracteriza porque la persona que realiza la carga es la encargada de coordinar todo el servicio y, como tal, es responsable de que se desarrolle correctamente.
- **Transporte combinado.** Este método se utiliza cuando se produce un cambio físico en la ubicación de los medios de transporte.
  Los casos habituales de este modelo de transporte son:

  - *Ferroutage:* el camión viaja sobre un vagón ferroviario. Se mueven unidades de carga (contenedores), camiones o plataformas ferroviarias.
  - *Transroulage:* el camión viaja sobre un barco.
  - **Sistema UFR:** dentro de un vagón ferroviario se traslada un semirremolque.

  Dentro del transporte combinado podemos encontrar las siguientes variaciones:

  - **Combinado acompañado:** el conductor del vehículo viaja en el medio en el que se mueve el vehículo.
  - **Combinado no acompañado:** el conductor carga el vehículo en el medio del transporte y se queda en su punto, siendo otro conductor el que recogerá el vehículo en el destino.

- **Transporte unimodal.** En este modo de transporte se presta todo el servicio con un único contrato, independientemente de la cantidad de transportistas y medios que intervengan en el mismo.
  Puede ser más económico, más rápido y eficiente, si el destino está bien comunicado con distintos medios de transporte.

3. Realización del mapeo del transporte multimodal e intermodal

 **HILO CONDUCTOR**

Antonio, que es un apasionado de la tecnología, le ha comentado a Teresa que quizás sería una buena opción el monitorizar o mapear la ubicación de la

Continúa en página siguiente >>

<< Viene de página anterior

paquetería, así como integrar el *big data* en los procesos logísticos de la empresa, para poder conocer en todo momento el estado y las incidencias que se producen dentro del proceso logístico, para, de esta manera, anticiparse a los posibles problemas que se puedan producir.

Teresa también pone de manifiesto que el análisis de la gran cantidad de datos que es capaz de manejar el *big data* quizás les permita ahondar más en sus procesos logísticos, lo que les va a permitir optimizarlos, además de conocer aspectos sobre su competencia que, hasta ahora, es imposible conocer.

Mapear la cadena de suministro consiste en recopilar toda la información relacionada con todos los aspectos que intervienen en la cadena de suministro. Dentro de esta información se encuentran los datos de los proveedores, las personas que intervienen, los vehículos, condiciones del transporte, vehículos, etc.

El mapeo de la cadena de suministro es un proceso que se realiza de manera continua, lo que permite crear un mapa global de la red de suministro, que, a su vez, permite analizar las necesidades y el cumplimiento de las normas establecidas.

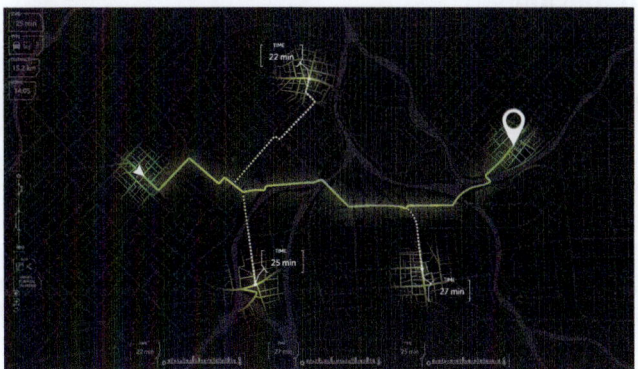

El mapeo de la cadena de suministro permite controlar las incidencias en tiempo real que se producen en la ruta.

Entre los **beneficios** que se pueden conseguir en llevar a cabo un mapeo de la cadena logística, encontramos:

- **Aumentar la transparencia de los procesos.** Al mapear la cadena logística la empresa tiene un mejor conocimiento de las condiciones intervienen en los procesos que lleva a cabo.
- **Identificar los riesgos.** Conocer los riesgos debidos a los procesos que se llevan a cabo en la cadena de suministro, permite prever soluciones antes de que sucedan comprendiendo la repercusión que tienen.
- **Toma de decisiones.** Utilizando la información que se genera en la cadena de suministro, las empresas pueden tomar decisiones y mejorar sus relaciones con los proveedores.
- **Protección del personal.** Se pueden tomar medidas para remediar los posibles problemas que se presenten en los puestos de trabajo y aumentar la seguridad de los trabajadores.
- **Cumplimiento normativo.** Las empresas deben cumplir las leyes que rijan en cada país en el que desarrollen su trabajo o con los que tengan relaciones comerciales, para evitar sanciones o incumplimientos graves que puedan repercutir en la imagen que quieren dar a sus clientes.
- **Generación de informes.** Cada vez son más las empresas y proveedores que solicitan informes del método utilizado en la cadena de suministro. Mediante el mapeo de los procesos que desarrolla la empresa, se puede asegurar que se llevan a cabo de manera adecuada y con la calidad requerida, además de garantizar que son sostenibles con el entorno en el que se llevan a cabo.

3.1. Fases del mapeo

En todo proceso de mapeo de la cadena de suministro se establecen las siguientes **fases:**

Fase 1
- Ubicar a los proveedores y trabajar con aquellos que cumplen los requisitos de calidad exigidos.

Fase 2
- Integración de los datos de los proveedores en un sistema de gestión de datos, de forma que se mantengan actualizados en un único sitio que será consultado por el resto de las personas que intervienen en la cadena logística.

Continúa en página siguiente >>

<< *Viene de página anterior*

Fase 3

- Evaluación de riesgos para conocer los puntos peligrosos y solucionarlos antes de que se produzca un incidente o accidente.

Fase 4

- Integración de distintas herramientas que permitan la recopilación de los datos generados por los proveedores en sus distintas ubicaciones físicas.

Conforme vaya creciendo nuestra cadena de suministro, también crecerá la cantidad de datos de los que dispondremos, lo que provoca el aumento de la información que podemos utilizar para mapear nuestros procesos logísticos.

Debido a la necesidad de incorporar y analizar una gran cantidad de datos a los procesos logísticos, la tecnología que más se utiliza es el **big data,** ya que, gracias al análisis de todos los datos, se obtienen mejoras en los resultados empresariales.

En los últimos años, el *big data* se ha convertido en un elemento que ha sufrido un crecimiento exponencial gracias a su capacidad de analizar grandes cantidades de datos, lo que permite desde predecir la demanda de un producto y gestionar los inventarios, hasta mejorar la eficiencia de la entrega del mismo.

La incorporación de una herramienta de mapeo de los procesos logísticos utilizando el *big data* nos va a permitir, entre otras **opciones:**

- ➲ **Relacionar.** Identificar y sugerir relaciones entre empresas, sectores e instalaciones.
- ➲ **Identificar.** Identificar procesos con poco valor que no aportan a la empresa.
- ➲ **Visualizar.** Visualizar la cadena de suministro y establecer los niveles de los distintos componentes.
- ➲ **Localizar.** Localizar productos dentro de la cadena de distribución o proveedor.
- ➲ **Errores.** Identificar posibles fallos y analizar las causas que las han provocado.
- ➲ **No conformidades.** Analizar y realizar seguimientos de equipamientos para localizar usos indebidos o no conformes con la normativa empresarial.

- **Gestión de riesgos.** Mejorar la gestión de riesgos en la cadena logística.
- **Etapas.** Valorar las distintas etapas que intervienen en la cadena o proceso logístico.

Mapear la cadena de suministro usando el *big data* permite a las empresas responder preguntas como: ¿mis proveedores trabajan con mis competidores? ¿Quiénes son los distribuidores de una empresa? ¿Qué empresas trabajan con mis competidores? Además de dar respuesta a las preguntas anteriores, también encontramos los siguientes **beneficios:**

- **Mejorar la estructura empresarial.** Las empresas pueden identificar aquellos procesos que funcionan y los que no, pudiendo decidir los cambios que se van a llevar a cabo antes de implantarlos de forma efectiva, evaluando sus consecuencias.
- **Anticipar problemas de la cadena de suministro.** El mayor reto al que se enfrentan las empresas es a una ruptura de *stock* (quedarse sin suministro) y no cumplir con los compromisos adquiridos con un cliente.
  De esta forma se pueden anticipar a los posibles problemas que surjan, gracias a que se aumenta la información de todos sus proveedores, lo que facilita que el producto se encuentre siempre disponible, independientemente del proveedor que lo suministre.
- **Diversificación de los proveedores.** Para evitar fallos en la cadena de suministro las empresas se han visto obligadas a trabajar con varios proveedores, de manera que mejoran su capacidad de adaptación a las necesidades del mercado y a las expectativas de los clientes.
- **Equilibra el inventario y la demanda.** Todas las empresas tratan de equilibrar el inventario y la demanda, de manera que no se lleven a cabo inversiones económicas que luego no sean rentables.
  Al incorporar el *big data,* se puede llevar a cabo una estimación del pronóstico de demanda de un producto, ayudando a equilibrar el inventario y realizando una inversión más ajustada.
- **Analizar la competencia.** Una ventaja en el uso del *big data* es la facilidad de analizar a las empresas de la competencia en breves espacios de tiempo, lo que permite anticiparse a los posibles movimientos que se produzcan en el sector al que corresponda la industria.

 **VÍDEO**

Te recomendamos que veas el vídeo de Agatha Gracia, en el que habla acerca de la importancia del *big data* en el transporte. Puedes acceder al mismo desde aquí:

Continúa en página siguiente >>

<< Viene de página anterior

https://redirectoronline.com/coml00090301

Aunque hay diversas herramientas de mapeo de rutas en el mercado que permiten obtener una imagen de las conexiones de los distintos elementos que intervienen en el proceso logístico, suelen establecer los siguientes **pasos** para implantarla:

Paso 1	- Identificar las fuentes de información tanto internas como externas.
Paso 2	- Analizar y evaluar los datos obtenidos de las empresas involucradas en el proceso.
Paso 3	- Establecer los patrones y correlaciones encontradas entre las empresas analizadas.
Paso 4	- Visualización y clasificación de las relaciones en diferentes niveles, dependiendo de la relevancia de cada relación.

 ## ACTIVIDAD COMPLEMENTARIA

3. Utiliza la herramienta *geOps* para mapear el transporte público correspondiente a una línea de autobuses de San Sebastián. Recuerda ampliar el mapa hasta que puedas leer el nombre de las calles para ver cómo se desplaza el vehículo.

   Elabora un listado con las ventajas que presenta el mapeado de los vehículos de transporte público en tiempo real

4. Examinación de las ventajas e inconvenientes del transporte multimodal

HILO CONDUCTOR

Teresa y Antonio conocen las características del transporte intermodal, pero creen que, en algunas ocasiones, este método de transporte no se adecúa a sus necesidades, por lo que han decidido analizar el transporte multimodal, para comprobar en qué casos es mejor este método de transporte para ofrecérselo a sus clientes, además de evaluar si les ayudará a reducir las quejas de sus clientes.

Como hemos visto anteriormente el transporte multimodal es aquel que se caracteriza por utilizar más de un vehículo para trasportar la mercancía entre los puntos de origen y destino y que la manipulación de las cargas se realiza de forma unitaria (palés, cajas, etc.).

Este modelo de transporte se caracteriza porque la mercancía pasa por diferentes vehículos, pero únicamente hay un operador logístico encargado del transporte de la mercancía.

El transporte multimodal, está regulado por distintas normativas y acuerdos internacionales que establecen las responsabilidades de los operadores logísticos, centrándose, fundamentalmente, en que la mercancía cumpla las condiciones pactadas en los contratos.

PARA SABER MÁS

El Ministerio de Transportes y Movilidad Sostenible del Gobierno de España ha publicado los resultados del estudio acerca del análisis, información y divulgación sobre la aportación del transporte por carretera a la intermodalidad, que te recomendamos que consultes, accediendo desde aquí:

Continúa en página siguiente >>

<< Viene de página anterior

https://redirectoronline.com/coml000903

En el transporte intermodal se utiliza la unidad de transporte intermodal (UTI), como el contenedor o el semirremolque.

Actualmente, está vigente el **Convenio de las Naciones Unidas para el Transporte Multimodal Internacional de Mercancías,** donde los países firmantes reconocen este sistema de transporte como un medio que ayuda a ordenar el comercio mundial, además de promover el desarrollo de los servicios de transporte, de forma que permitan atender las necesidades de tráfico de los distintos países y regular los asuntos relacionados con el comercio exterior.

 PARA SABER MÁS

Puedes acceder al Convenio de las Naciones Unidas para el Transporte Multimodal Internacional de Mercancías desde aquí:

Continúa en página siguiente >>

<< Viene de página anterior

https://redirectoronline.com/coml00090304

Entre las **ventajas y desventajas** del uso de un **transporte multimodal** encontramos:

⊃ **Ventajas:**

- ⋃ Al haber un único interlocutor o responsable del proceso logístico se reducen los tiempos de transporte y el coste del mismo.
- ⋃ Al utilizar una única unidad de carga los cambios de proveedor logístico se llevan a cabo con mayor velocidad, ya que no se necesita desempaquetar y empaquetar la mercancía.
- ⋃ Se permite el seguimiento de la mercancía en los diferentes medios de transporte que se utilicen.
- ⋃ Se reducen los riesgos de robo y pérdida de cargas, ya que el interlocutor único asume la responsabilidad sobre la carga.

⊃ **Desventajas:**

- ⋃ No existe una infraestructura logística única, lo que provoca la contratación de distintos proveedores.
- ⋃ La legislación internacional referida al transporte de mercancías no se encuentra unificada lo que provoca retrasos o aumento de costes.
- ⋃ Es habitual que las mercancías se inspeccionen en cada punto de control.

 **EJEMPLO**

Un ejemplo de un transporte multimodal correspondería con una situación en la que contratamos el envío de una mercancía desde nuestra ubicación hasta

Continúa en página siguiente >>

<< Viene de página anterior

Praga (Alemania). La empresa deberá cargar en un vehículo las mercancías en tu ubicación y llevarlas hasta el aeropuerto, donde otro operador (aéreo) será el encargado de trasladarlas hasta Praga (Alemania), donde serán cargadas en los vehículos de la empresa que se encargará de llevarlas a su destino. En este caso, solo contratamos una empresa de transporte que subcontrata aquellos servicios que no puede prestar, como, por ejemplo, el transporte aéreo.

- -

A nivel nacional, la ley que regula el transporte terrestre de mercancías por carretera o ferrocarril es la **Ley 15/2009, de 11 de noviembre,** quedando regulado el transporte marítimo por el **Real Decreto 186/2023, de 21 de marzo,** por el Reglamento de Ordenación de la Navegación Marítima.

 PARA SABER MÁS

El Ministerio de Transportes y Movilidad Sostenible del Gobierno de España pone a disposición del público una página web en la que se recoge la normativa vigente en materia de transporte terrestre que te recomendamos consultes accediendo desde aquí:

https://redirectoronline.com/coml00090305

- -

 APLICACIÓN PRÁCTICA

Susana está analizando los procesos logísticos de sus clientes y la empresa en la que trabaja, con el fin de mejorarlos y aumentar la

Continúa en página siguiente >>

[69]

<< Viene de página anterior

eficiencia de sus procedimientos. Ha oído hablar de que el uso del *big data* puede ayudarle a analizar y mejorar los procesos, por lo que quiere estudiar esta tecnología para realizar el informe que le permita a la dirección de la empresa evaluar la idoneidad o no de implementarla en sus procesos logísticos.

¿Puedes indicarle a Susana cuál de las siguientes opciones son características del *big data* que pueden ayudarle a su empresa a mejorar los procesos logísticos?

- **Anticipar problemas de la cadena de suministro**
- **Diversificación de los proveedores**
- **Equilibrar el inventario y la demanda**

Solución

Entre los beneficios que tiene la incorporación del *big data* a los procesos logísticos se encuentra la mejora de la estructura empresarial, anticipar problemas en la cadena de suministro, diversificación de los proveedores, de acuerdo con la carga a transportar, equilibrar el inventario y la demanda y analizar la competencia.

 TAREA 3

Leticia está realizando su trabajo fin de grado (TFG) relacionado con el sector del transporte y la logística y, para hacerlo más ameno, ha pensado en realizar una infografía en la que se comparen las ventajas e inconvenientes del uso de cada tipología de transporte (intermodal o multimodal).

Sabe que, recientemente, has realizado una formación acerca de la optimización de las rutas de reparto, así que, como ella anda justa de tiempo, te pide que por favor se la realices. ¿Puedes ayudarle creando una infografía o una tabla en la que se recojan las ventajas e inconvenientes del transporte intermodal y multimodal?

---

5. Resumen

En la actualidad, el transporte de mercancías se ha vuelto un sector importante para facilitar el suministro de productos a empresas y particulares, lo que provoca que con un fallo en la cadena logística las empresas, por ejemplo, tengan que suspender su producción.

Dentro del transporte podemos encontrar distintos sistemas de transporte, siendo los más usados los intermodales y multimodales.

En un transporte multimodal, las cargas se transportan de maneta unitaria, mientas que en el intermodal se utilizan las unidades de transporte intermodal, que consisten en bloques de carga.

La principal diferencia entre estos dos tipos de transporte es la cantidad de contratos que se firman con los operadores. En el caso del transporte multimodal, se firma un único contrato con un operador único, en el intermodal intervienen diferentes operadores, lo que provoca la firma de distintos contratos.

Las combinaciones de operadores logísticos más habituales son:

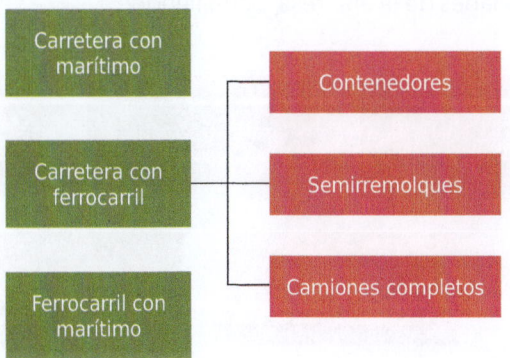

Podemos encontrarnos otros tipos de transporte además del intermodal y multimodal como son:

Mapear la cadena de suministro, permite crear un mapa global de la red de suministro que ayuda a realizar el análisis de las necesidades y el cumplimiento de las condiciones establecidas en el contrato logístico.

Realizar el mapeo de la cadena logística nos permite:

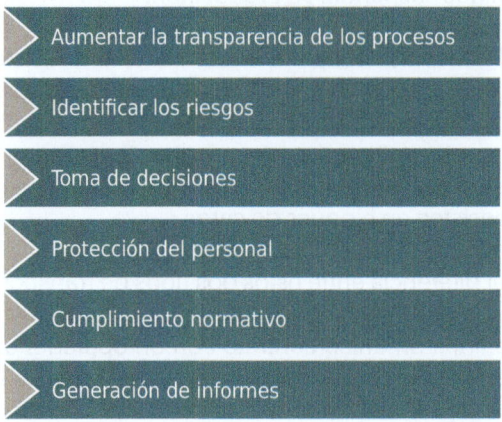

Mapear la cadena de suministro usando el *big data* nos deja dar respuesta a las necesidades de la empresa, permitiendo:

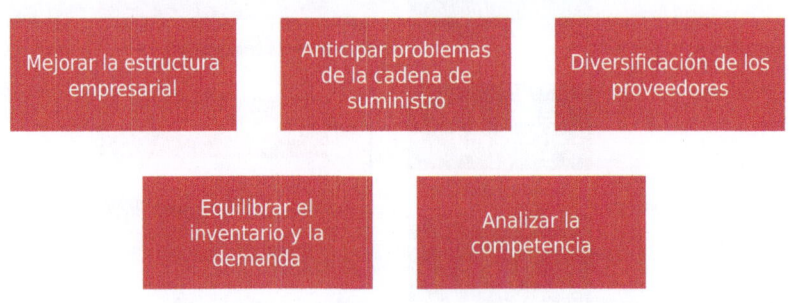

El transporte multimodal se caracteriza porque la mercancía pasa por diferentes vehículos, pero únicamente hay un operador logístico encargado de gestionar su transporte.

Ejercicios de autoevaluación
Unidad de Aprendizaje 3

1. **De las siguientes afirmaciones indique cuál es verdadera o falsa:**

   a. El transporte multimodal e intermodal destacan sobre el resto de los transportes.

   - ■ Falso
   - ■ Verdadero

   b. Actualmente, el transporte se ha vuelto un activo poco relevante en el sector empresarial.

   - ■ Falso
   - ■ Verdadero

   c. El uso de medios de trasporte más eficientes nos ayuda a mejorar la cadena logística.

   - ■ Falso
   - ■ Verdadero

2. **El transporte que se caracteriza porque las mercancías se transportan en distintas unidades de carga es el transporte...**

   a. ... intermodal.
   b. ... combinado.
   c. ... multimodal.
   d. ... segmentado.

3. **El transporte que se caracteriza porque las mercancías se transportan utilizando las unidades de carga es el transporte...**

   a. ... intermodal.
   b. ... combinado.
   c. ... multimodal.
   d. ... segmentado.

4. La principal diferencia entre el transporte multimodal e intermodal es...

    a. ... el número de operadores que intervienen en el proceso logístico.
    b. ... el medio de transporte utilizado.
    c. ... el tamaño de las cargas.
    d. ... los servicios que incluyen en el proceso logístico.

5. Una ventaja del uso del transporte intermodal es...

    a. ... que la infraestructura es más barata.
    b. ... que el proceso de distribución es más rápido.
    c. ... la mayor agilidad en las inspecciones.
    d. ... que no se puede implementar el uso del *big data*.

6. Entre las pautas que se deben tener en cuenta a la hora de seleccionar un transporte intermodal se encuentra...

    a. ... el volumen de la carga.
    b. ... la distancia a recorrer.
    c. ... el valor de la mercancía.
    d. Todas las opciones son correctas.

7. El transporte intermodal es el más usado, debido a...

    a. ... la mejora de las infraestructuras.
    b. ... que permite cambios en la estrategia logística.
    c. ... un aumento de la eficiencia.
    d. Todas las opciones son correctas.

8. Al mapear la cadena logística podemos...

    a. ... identificar los riesgos y proteger a los trabajadores.
    b. ... tomar decisiones más adecuadas a las necesidades empresariales.
    c. ... generar informes.
    d. Todas las opciones son correctas.

9. La incorporación del *big data* en el mapeo del proceso logístico nos permite...

   a. ... establecer los precios de la competencia.
   b. ... aumentar la estructura empresarial.
   c. ... identificar los riesgos en la cadena de suministro.
   d. ... acceder a subvenciones de manera más sencilla.

10. Indica si la siguiente oración es verdadera o falsa: "El transporte multimodal está regulado por las Naciones Unidas".

    ■ Verdadero
    ■ Falso

Glosario

Agencia de transportes
Empresa que interviene en la contratación del transporte internacional, realizando la gestión y contratación del mismo.

Agente de aduanas
Persona física o jurídica autorizada por la Dirección de Aduanas para tramitar la documentación a la importación y exportación de mercancías, pagando las tasas correspondientes en nombre del exportador o importador.

Big data
Conjunto de datos cuyo volumen crece de forma exponencial con el paso del tiempo.

Blockchain
Conjunto de tecnologías que permiten transferir un activo entre dos ubicaciones sin la existencia de intermediarios.

Cadena de transporte
Secuencia de nodos por los que pasa la mercancía desde que sale del origen hasta que llega a su destino realizando transbordos.

Cadena logística
Agrupación correspondiente a las tareas de organización y coordinación de todos los movimientos de mercancía, incluido el almacenamiento y la distribución.

Centros de carga aérea
Plataformas especializadas en el intercambio de los modos tierra-aire, así como en el tratamiento de las mercancías de carga aérea.

Centros de transporte
Plataformas logísticas centradas en el transporte por carretera.

Chófer
Persona cuya misión es conducir un vehículo.

Contenedor
Término genérico utilizado para designar una caja con capacidad de transportar mercancías, suficientemente resistente, apilable y dotada con sistemas que permiten la transferencia entre modos de transporte.

Destinatario
Persona responsable de recoger las mercancías.

Ferroutage
Término genérico utilizado en Francia para definir al conjunto de técnicas que permiten la carga de camiones completos sobre un tren.

Flota
Conjunto de medios de transporte de los que dispone una empresa para llevar a cabo su actividad.

Intermodalidad
Sistema en el que intervienen dos o más modos de transporte en el envío de mercancías, de forma integrada en una cadena de transporte puerta a puerta sin procesos de carga y descarga.

Internet de las cosas (IoT - *Internet Of Things*)
Proceso que permite conectar los distintos equipos utilizados por empresas y particulares a internet.

Investigación y desarrollo (I+D)
Actividades desarrolladas por una empresa para el desarrollo de nuevos productos o mejora de los existentes.

Logística
Proceso de planificación y gestión de la cadena de abastecimiento.

Mapeo
Confección de un gráfico similar a un mapa en el que se plasma un sistema o un gráfico.

Multimodalidad
Organización del transporte mediante el uso de distintos modos para un mismo itinerario o en una zona geográfica concreta.

Picking
Proceso de preparación de pedidos y productos que se agrupan en un mismo envío.

Piggyback
Término usado en inglés que define al conjunto de técnicas que permiten la carga de un camión completo sobre un tren.

Subcontratista
Persona a la que el transportista ha designado para que ejecute el transporte completo o una parte del mismo.

Tecnología disruptiva
Tecnologías que provocan un cambio importante en los procesos anteriores a su aparición y en el comportamiento de los usuarios.

Transportista
Persona responsable del movimiento de mercancías, ya sea él mismo o a través de terceras personas.

Unidad de carga (UIT)
Usadas en el transporte intermodal. Habitualmente, se componen de contenedoras, cajas móviles, remolque y semirremolques.

Bibliografía

Monografías

→ ÁLVAREZ Ochoa, J. F.: *Transporte internacional de mercancías*. Madrid: Ediciones Paraninfo, 2021.

> Este libro desarrolla la historia y evolución del comercio internacional. Incluye un caso práctico final en el que se desarrolla un proyecto de transporte nacional e internacional.

→ ESLAVA Sarmiento, A.: *Logística intermodal*. Bogotá: Ediciones de la U, 2022.

> Libro centrado en el análisis e implementación de la logística intermodal en el transporte de mercancías. Analiza la importancia de la correcta selección de un modo de transporte, la rotura de cargas, los indicadores de calidad y las ventajas de cada uno de los modos de transporte.

→ MARCO, J. A.: *Logística 5.0: Transporta tu logística al mundo digital*. Madrid: Lid Editorial Empresarial S. L., 2021.

> Ante los cambios que se producen en los procesos logísticos, es necesario que el sector sea capaz de dar respuesta a los modelos que se centran en la mejora de la experiencia del cliente. Este libro ayuda en el proceso de transformación logística de las empresas mediante el análisis de los procesos, la gestión de los procesos y el talento humano que compone la empresa para conocer la capacidad de adaptación a la nueva logística 5.0.

→ MARTÍN Alcalde, E.: *Gestión del transporte multimodal*. Barcelona: Editorial Oberta UOC Publishing, S. L., 2019.

> Manual centrado en la gestión del transporte multimodal que analiza los distintos elementos que intervienen en este modelo de transporte. Introduce el término sincromodalidad y los beneficios empresariales que tiene la combinación de métodos de transporte.

→ SALAS Aguilera, M.: *Gestión logística. COML023PO.* Antequera: IC Editorial, 2023.

> Manual de la especialidad formativa COML023PO en el que se estudian los fundamentos básicos de los sistemas logísticos, además de mostrar los fundamentos básicos de la función logística. Se recomienda su lectura si son los primeros contactos que se tienen con el sector logístico.

→ URROSOLO Muñoz, M. J. y ANTÓN Garmendia, U.: *Gestión administrativa del transporte y la logística.* Madrid: Ediciones Paraninfo, 2021.

> Libro que realiza un acercamiento general al sector de la logística y del transporte de mercancías. Además de los contenidos teóricos, reforzados por otros prácticos, incorpora una unidad específica acerca de los distintos programas informáticos que se utilizan dentro del sector.

Textos electrónicos, bases de datos y programas informáticos

→ Autoridad Portuaria de Vigo. Manual de logística e intermodalidad (Niveles 1 y 2) publicado por Puertos del Estado, de: <https://www.apvigo.es>.

> Publicaciones del Ente Público Puertos del Estado del Ministerio de Transportes y Movilidad Sostenible en las que se aborda la logística y la intermodalidad.

→ Página web del Ministerio de Transportes y Movilidad Sostenible, de: <https://www.mitma.gob.es>.

> Página en la que se recopila y se definen distintos conceptos y terminología utilizada en el transporte intermodal.

→ Página web del Ministerio de Transportes y Movilidad Sostenible, de: <https://www.transportes.gob.es/transporte_terrestre/normativa-vigente-en-materia-de-transporte-terrestre>.

> Página en la que se recoge la legislación y normativas que afectan al transporte por carretera.